Género Texto expositivo

I0799110

Pregunta esencial

¿Cómo explicas lo que ves en el cielo?

Astronomía

Rachel Hayward

Capítulo 1

Miradas antiguas a los cielos

Durante miles de años, las personas han observado las estrellas. Hicieron mapas de las estrellas y contaron historias acerca de lo que veían en el cielo.

Las cuevas de Lascaux, en Francia, tienen pinturas rupestres. Las pintaron durante la Edad de Piedra. Algunos científicos opinan que las pinturas son mapas de las estrellas.

Los científicos opinan que estos animales en realidad representan patrones de estrellas.

La Vía Láctea se ve como una franja nublada de estrellas.

Las personas de la antigüedad también narraban historias para explicar lo que veían. El pueblo shoshone tiene una historia acerca de cómo llegaron al cielo las estrellas de la Vía Láctea.

Una vez un oso subió a una montaña nevada. El hielo se pegó a su pelaje. El oso llegó a la cima de la montaña. Saltó hacia el cielo. Corrió por todo el cielo y el hielo cayó de su pelaje. El hielo se convirtió en las estrellas de la Vía Láctea.

La Tierra en movimiento

En la antigüedad también pensaban que un techo cubría la Tierra. Creían que las estrellas eran luces que brillaban por los agujeros del techo.

Los astrónomos pensaban que el Sol y las estrellas se movían alrededor de la Tierra. Se equivocaban. La Tierra es la que se mueve.

Imagina que la Tierra es un balón de básquetbol y que empujas un tubo delgado por el centro del balón. Ese tubo es como el **eje** de la Tierra. El Polo Norte está en la parte superior del eje terrestre, el Polo Sur está en la inferior.

El eje de la Tierra va desde el Polo Norte hasta Polo Sur.

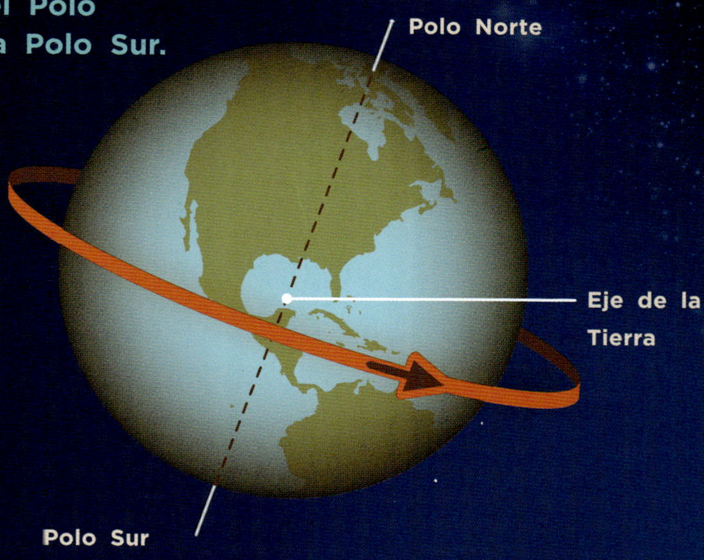

La Tierra orbita alrededor del Sol.

La Tierra rota, o gira, sobre su eje. Da un giro cada día (24 horas).

La Tierra también **orbita** alrededor del Sol. La Tierra tarda un año (365 días) en viajar alrededor del Sol.

Imagina que haces girar el balón de básquetbol (la Tierra) en la punta de un dedo. Ahora imagina que el aro de la canasta de básquetbol es el Sol. Camina alrededor del aro de básquetbol con el balón girando sobre tu dedo. Cada vuelta que das es un año.

AHORA COMPRUEBA

¿Cómo explicaban las estrellas las personas de la antigüedad?

Capítulo 2

Mapas celestes y calendarios

Las personas de la antigüedad no entendían cómo se movía la Tierra, pero sabían cómo usar las estrellas para navegar.

Una estrella guía

En tierra firme, las personas usaban puntos de referencia, como montañas y ríos, para encontrar su camino. En el océano, los marineros usaban la serie de cosas que veían en el cielo tanto como mapas, para navegar.

La salida y la puesta del Sol señalaban el este y el oeste. La **posición** de las estrellas ayudaba a los marineros a encontrar su camino en la noche. Encontraron una estrella que parece no moverse. Es la Estrella del Norte o Estrella Polar.

Los marineros usaban los mapas y las estrellas para navegar en la noche.

La Estrella del Norte está situada casi justo sobre el extremo norte del eje de la Tierra. Por eso parece que no se mueve. El eje de la Tierra no se mueve. La Tierra rota sobre su eje.

A lo largo de miles de años, las personas han usado la Estrella del Norte para encontrar la dirección hacia el norte. Los marineros la han usado para guiarse a través de los océanos.

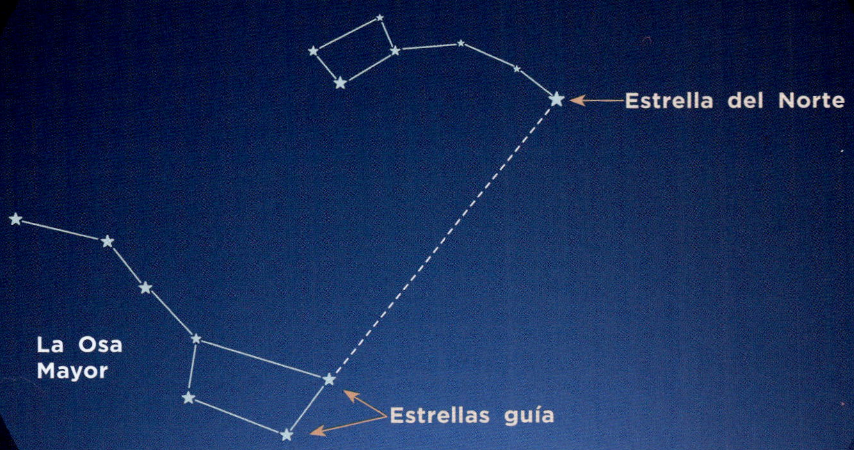

En busca de la Estrella del Norte

Las estrellas guía te ayudan a localizar la Estrella del Norte. Son parte de la Osa Mayor y están en el extremo del cucharón. Dibuja una línea imaginaria para conectarlas; continúa la línea y encontrarás la Estrella del Norte.

Detective del lenguaje

El verbo de la oración subrayada está en tiempo compuesto con *haber*. Busca en esta página otro ejemplo.

El paso del tiempo

Las personas notaron que hay estrellas específicas que aparecen en el cielo en el mismo momento cada año. Esto se debe a que vemos una parte diferente del cielo a medida que la Tierra se mueve.

Con el tiempo, las personas hicieron cartas estelares que mostraban la posición de las estrellas en el cielo durante todo el año. También agruparon las estrellas en **constelaciones**. Es más fácil buscar una constelación que una sola estrella.

Las constelaciones aparecen en una parte del cielo en verano y en otra, en invierno.

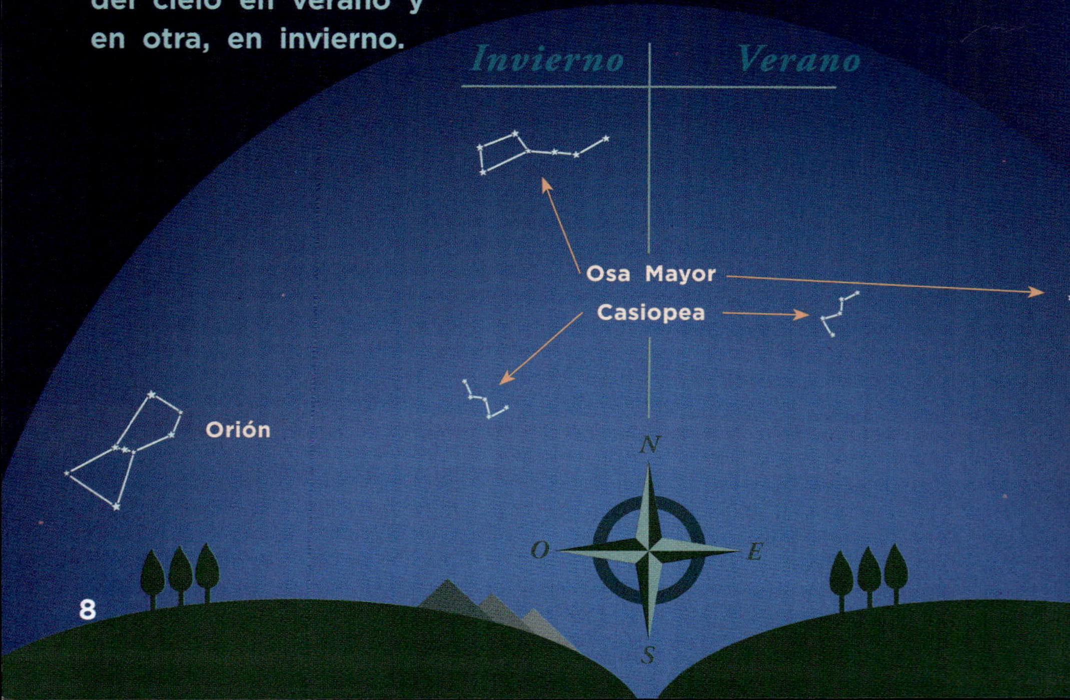

Las Pléyades son un grupo de estrellas brillantes.

Cuando ciertas estrellas aparecían en el cielo, algunas culturas sabían que era tiempo de plantar o cosechar. Hay un grupo de estrellas llamado las Pléyades. En Hawái, las personas sabían que era época de cosechar cuando aparecían las Pléyades en el cielo.

Las personas también usaban la Luna para marcar el paso del tiempo. La Luna tarda casi un mes para orbitar alrededor de la Tierra. Cuando la Luna se mueve, parece cambiar de forma. Al principio, es una franja delgada. Luego, es creciente. Después, se ve redonda: Luna llena. Posteriormente, parece encogerse. Este ciclo se llama las fases de la Luna.

AHORA COMPRUEBA

¿Cómo usaban los pueblos antiguos las estrellas?

Capítulo 3

Instrumentos para estudiar el espacio

Las personas querían aprender más acerca de las estrellas y el espacio. Inventaron instrumentos que les ayudaron a aprender. Estos inventos nos ayudaron a conocer el **universo**.

El primer telescopio

Uno de los mejores instrumentos para mirar las estrellas es el telescopio. Un científico llamado Galileo (1564-1642) usó un telescopio para estudiar la Luna, las estrellas y los planetas en el siglo XVII.

Galileo no inventó el telescopio, mejoró su funcionamiento. En 1609 construyó un telescopio para ver cosas que nadie había visto antes.

Detective del lenguaje **¿Por qué el texto subrayado está entre paréntesis?**

Este telescopio es como el que usó Galileo.

Galileo se dio cuenta de que la Luna tenía montañas y valles. Aprendió que la Vía Láctea está formada por muchas estrellas. Vio cuatro lunas que orbitaban el planeta Júpiter.

Galileo descubrió las cuatro lunas más grandes de Júpiter.

Lo más importante de todo: Galileo probó que la Tierra orbita alrededor del Sol. Galileo ayudó a que la gente entendiera más cosas sobre la Tierra.

Telescopios modernos

El telescopio es aún un instrumento útil para estudiar el espacio. Los telescopios actuales son mucho más poderosos que el telescopio de Galileo.

El Telescopio espacial Hubble flota muy por encima de la Tierra. Nos da una imagen mucho más clara de las estrellas porque no estamos mirando a través de la atmósfera de la Tierra.

La atmósfera es la capa de gases alrededor de la Tierra. Está llena de polvo. Es más difícil ver las estrellas y planetas a través de la atmósfera.

El Telescopio espacial Hubble orbita alrededor de la Tierra.

El telescopio Hubble envía imágenes a los astrónomos en la Tierra. Las imágenes del telescopio Hubble han ayudado a los astrónomos a calcular la edad del universo. Ahora consideran que el universo tiene entre 13,000 y 14,000 millones de años.

Esta es una imagen de Saturno tomada desde el Telescopio espacial Hubble.

El Telescopio espacial Hubble

El telescopio Hubble tiene casi 44 pies de largo y cerca de 14 pies en su punto más ancho. Se mueve a unas 5 millas por segundo. Orbita alrededor de la Tierra una vez cada 97 minutos.

Hay planes para un telescopio nuevo y más grande: el Telescopio espacial James Webb. Los científicos podrán usar este telescopio para ver mucho más lejos en el espacio.

Hay todavía muchas cosas por descubrir acerca de nuestro universo. Aún contemplamos las estrellas y nos maravillamos, igual que las personas que vivieron hace miles de años.

AHORA COMPRUEBA

¿Qué inventos ayudaron a la gente a aprender más acerca del cielo nocturno?

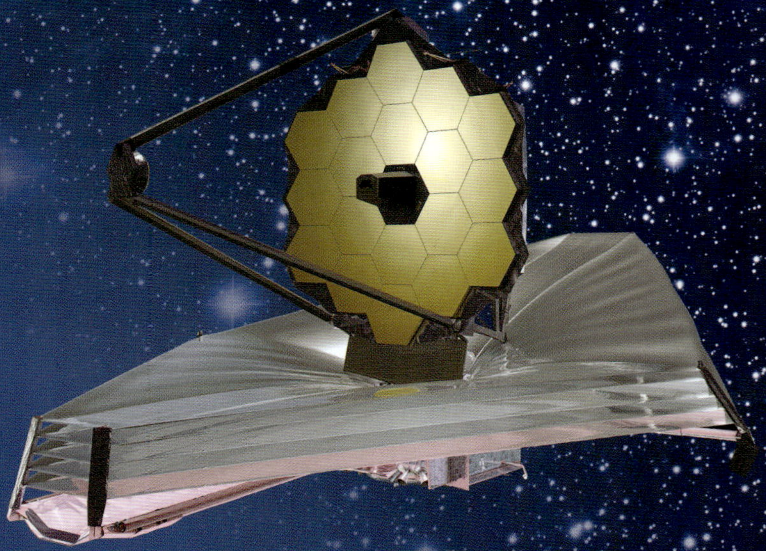

El Telescopio espacial James Webb será mucho más poderoso que el Hubble.

Respuesta a la lectura

Resumir

Usa los detalles más importantes de *Astronomía* para resumir la selección. Usa el organizador gráfico como ayuda.

Causa → Efecto
→
→
→
→

Evidencia en el texto

1. ¿Qué características de un texto expositivo de no ficción encontraste en *Astronomía*? ¿Cómo te ayudan a entender mejor el texto? **GÉNERO**

2. ¿Por qué algunos grupos de estrellas solo aparecen en ciertas épocas del año? **CAUSA Y EFECTO**

3. ¿Qué significa la palabra *navegar* en el segundo párrafo de la página 6? ¿Qué claves de contexto te ayudaron a comprender el significado? **CLAVES EN EL PÁRRAFO**

4. Escribe acerca de los efectos de las mejoras de Galileo al telescopio. ¿Qué aprendió la gente sobre el universo? Usa detalles del texto en tu respuesta. **ESCRIBIR SOBRE LA LECTURA**

Género Mito

Compara los textos

Lee acerca de cómo se creó la constelación Orión.

ORIÓN, EL CAZADOR

Había una vez un hombre grande y fuerte llamado Orión. Orión era un buen cazador. Cazaba con una espada y un garrote, y sus dos perros de caza iban con él a todas partes.

Un día, Orión conoció a otra gran cazadora. Su nombre era Artemisa. Era alta y fuerte, y cazaba con arco y flecha. Artemisa y Orión se hicieron buenos amigos.

Artemisa tenía un hermano llamado Apolo. Apolo era el mejor amigo de Artemisa y comenzó a tener celos de Orión.

Apolo decidió deshacerse de Orión. Encontró un escorpión y lo escondió en la arena.

Pronto Orión vino en busca de Artemisa. Se paró sobre el escorpión y el escorpión le picó en el talón. Orión cayó al suelo y murió.

Artemisa estaba muy triste. Pidió a los dioses que pusieran a Orión en el cielo, en medio de las estrellas con sus perros al lado. Los dioses accedieron.

Hoy puedes ver a Orión en el cielo nocturno. Tiene un cinturón de tres estrellas brillantes. También puedes ver las estrellas del escorpión.

El escorpión y Orión nunca están en la misma parte del cielo. Las estrellas de Orión desaparecen cuando las estrellas del escorpión aparecen. ¡Orión por fin ha aprendido a tener cuidado con el aguijón del escorpión!

Haz conexiones

¿Por qué Artemisa pidió a los dioses que pusieran a Orión en el cielo? **PREGUNTA ESENCIAL**

Compara la explicación del pueblo shoshone acerca de la Vía Láctea en *Astronomía* con el mito de *Orión, el cazador*. ¿Por qué las personas cuentan historias como estas? **EL TEXTO Y OTROS TEXTOS**

Glosario

constelación grupo de estrellas que forman patrones ***(página 8)***

eje línea recta sobre la cual gira un objeto ***(página 4)***

orbitar moverse circularmente en el espacio ***(página 5)***

posición área donde se ubica o encuentra un objeto ***(página 6)***

universo todo lo que existe, desde todo lo que vemos, incluida la Tierra, hasta todos los planetas, estrellas y objetos en el espacio ***(página 10)***

Índice

Enfoque:

Ciencias

Propósito Describir lo que ves en el cielo nocturno

Procedimiento

Paso 1 Investiga sobre las constelaciones en la biblioteca o en internet. Selecciona una constelación que sea fácil de ver en el cielo nocturno.

Paso 2 Haz un diagrama de la constelación. Rotula en él las cosas que ves en la constelación.

Paso 3 Inventa una historia acerca de cómo se formó la constelación. Usa lo que sabes acerca de mitos y leyendas como ayuda.

Paso 4 Comparte tu historia y tu diagrama con la clase.

Conclusión ¿Cómo se conecta tu diagrama con lo que leíste en *Astronomía*?